GARE

A

LA PRUSSE!

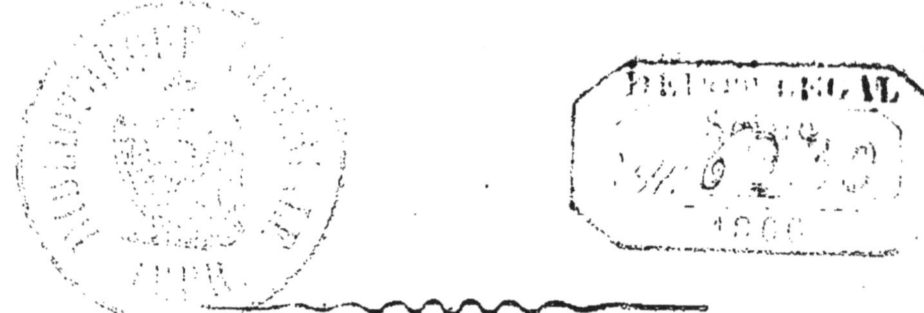

PARIS

<table>
<tr><td>E. DENTU, ÉDITEUR
Galerie d'Orléans, Palais-Royal.</td><td>CH. DOUNIOL, ÉDITEUR
Rue de Tournon, 29.</td></tr>
</table>

1866

Malgré la rapidité fiévreuse avec laquelle marchent aujourd'hui les événements, à l'heure où paraîtront ces pages, la situation ne sera pas sensiblement différente de ce qu'elle était lorsque l'auteur a pris la plume. L'Italie de Victor-Emmanuel s'est passé la fantaisie de tenir la dragée haute à l'Autriche, et de réclamer superbement, comme condition de tout armistice, la cession du Tyrol prétendu italien, ajoutée à la cession de la Vénétie. Battue à Custozza et à Lissa, cette Italie piémontisée ne pouvait moins faire ; encore une défaite, et elle devait incontestablement réclamer deux ou trois provinces de plus. Quelques milliers d'hommes et quelques canons, accourus de Vienne sur le territoire revendiqué par la diplomatie florentine, ont suffi à faire tomber cette outrecuidance ; et de ce côté, tout danger de nouveau conflit a disparu.

Au reste, les plénipotentiaires seront, sous peu de jours, réunis à Prague, et cette étrange paix paraît de plus en plus devoir se conclure. Il n'en faut que plus craindre le prochain accomplissement, par les conspirations ou par la guerre, de tout ce que l'on entrevoit dès aujourd'hui comme possible. Ne nous occupons pas de l'Italie. La Prusse et la Révolution ont besoin de la paix, pour se préparer à leur seconde campagne, et aussi pour endormir l'Europe sur leurs desseins. Comptez que la Prusse va se montrer pendant quelque temps très-pacifique. Le pire serait que l'Europe se laissât prendre à son jeu et oubliât ses visées. L'étude qu'on va lire est plus que jamais o portune, et le sera tant que l'ambition prussienne et l'Unime révolutionnaire n'auront pas été solennellement cons en Congrès européen, définitivement neutralisés par la ti e resolue de l'Europe. Plus que jamais il est bon de cr er *are à la Prusse !* plus que jamais il faut jeter ce *ve t consules !* à ceux qui tiennent dans leurs mains les st es des peuples.

GARE A LA PRUSSE !

I

Il semble que l'on ait fait un rêve ! Voici quelques semaines une guerre éclatait, qui paraissait devoir être longue autant que terrible. Des flots de sang coulaient bientôt en Italie et des torrents en Allemagne. Or, au bout de quinze jours à peine, l'une des armées en présence, la plus solide à coup sûr, sinon la plus brave, celle à laquelle l'opinion générale attribuait d'avance la victoire, était vaincue, au contraire, mise en pleine déroute. L'Autriche, sous le coup de cette défaite, cédait au sud l'objet du litige, consentant de plus à ce que le gouvernement français travaillât à amener d'abord une trève entre les belligérants, puis même préparât les voies à une pacification définitive. Et ce grand drame touchait au dénouement après un seul acte.

Rappelons en quelques mots, car cela est fort utile au but que se proposent ces pages, les émotions violentes et diverses par lesquelles on a passé, en France et en Europe, durant cette dramatique quinzaine. Comme on se jetait, matin et soir, sur les journaux ! Avec quelle fièvre on attendait, avec quelle avidité on dévorait les dépêches télégraphiques ! Dans la rue, au cercle, au salon, il n'était plus question que des Autrichiens, des Prussiens, des Italiens et du fusil à aiguille. Le foyer de famille se voyait envahi lui-même par la préoccupation tyrannique, et les causeries intimes avaient fait place à des conjectures plus ou moins animées sur les chances respectives des parties belligérantes. On cherchait à suivre sur des cartes, avec des épingles surmontées de petits drapeaux, les mouvements des trois armées. Les libraires, dont le public dédaignait les livres, s'étaient vite emparés de ces cartes comme de leur unique ressource; et devant celles qu'ils entr'ouvraient ou qu'ils étalaient, à chaque heure du jour il y avait foule. Ces faits resteront comme caractéristiques. Jamais on ne vit en France pareille émotion pour une guerre dans laquelle la France ne se trouvait pas directement engagée. Les mêmes choses à peu près se passaient, dit-on, en Angleterre et en Russie. Il n'y avait pas, sans doute, jusqu'à l'Espagne qui ne s'émût au bruit du canon lointain. Les révoltes militaires qui la troublent se lient, en effet, trop visiblement à la crise dont l'Europe entière est malade, pour que l'Espagne, imprudemment repliée sur elle-même, puisse négliger les événements du dehors.

Or donc, pourquoi cette émotion générale, cette passion universelle? Source de gloire et occasion d'héroïsme, la guerre, on le sait, a pour la nature humaine un attrait singulier; comme le coursier, son compagnon d'armes, l'homme s'enivre volontiers au bruit des clairons et des tambours, au bruit du mousquet et du canon, à l'odeur de la poudre; sous quelque prétexte, en quelque lieu qu'elle éclate, la guerre est aisément populaire, et là où l'on n'a point de prouesses militaires à accomplir, on prend avec bonheur sa part des exploits d'autrui. Faut-il chercher dans ce sentiment seul la cause de l'attention passionnée avec laquelle l'Europe a suivi la lutte de la Prusse et de l'Autriche? Non sans doute. Il est vrai encore qu'au milieu de nos guerres d'idées, dont les luttes sanglantes entre les peuples sont évidemment le contre-coup, nous avions reconnu dans les Prussiens, les Italiens et les Autrichiens, les champions de nos propres querelles, et qu'alors, nous livrant en quelque sorte des batailles par leurs armes, nous devions faire nôtres respectivement leurs défaites ou leurs triomphes. Cela suffit à expliquer l'impatience fiévreuse avec laquelle on attendait les nouvelles du théâtre de la guerre. Mais au fond de l'émoi produit par cette lutte sanglante, il y avait en outre, c'est incontestable, une sourde inquiétude, une terreur secrète. Cette guerre, en effet, était pour l'Europe l'inconnu, un inconnu formidable. Engagée entre trois puissances seulement, devait-elle, quelle que fût son issue, demeurer longtemps circonscrite de la sorte? Les autres puissances ne pouvaient elles pas se croire obligées bientôt ou se voir contraintes absolument d'y prendre part? Et n'avait-on pas en perspective une de ces guerres épouvantables dont on ne saurait prévoir ni le développement, ni la durée, ni l'issue? Beaucoup de questions capitales : la question ibérique, la question d'Orient, la question romaine, étaient prêtes à se dresser à la suite des questions en litige et à jeter sur le feu déjà existant les éléments nouveaux et plus certains encore d'une conflagration universelle. Bref, il y avait pour l'Europe bien des motifs d'être perplexe.

A ce moment survint la fameuse note du *Moniteur*, qui annonçait à la fois les graves résolutions de l'Autriche et la mission pacifique que se donnait le gouvernement français. L'effet chez nous, à Paris du moins, eut quelque chose de fantastique. La Bourse fit une hausse hyperbolique ; les maisons se pavoisèrent spontanément; on illumina le soir; on se serait volontiers embrassé dans les rues. La furie française se précipita vers une lueur d'espérance comme vers une certitude. On ne douta pas que, l'Autriche cédant la Vénétie à la France, la Prusse ne dût, aussi bien que l'Italie, se déclarer satisfaite, et que, notre gouvernement offrant sa médiation, le roi Guillaume ne s'empressât d'arrêter ses armées ivres de victoires.

Une nuit de conseil suffit pour couper les ailes à cette grande confiance et rendre au bon sens public toute sa perspicacité. La Bourse, loin de maintenir son mouvement ascensionnel, se remit bien vite à fléchir. Il y eut comme une panique nouvelle quand on vit les Prussiens marcher en avant et arriver jusqu'aux portes de Vienne, quand on vit d'autre part les Italiens s'élancer bravement dans les espaces libres de la Vénétie, devenue neutre en même temps que française, et faire là des promenades qui, pour être plus ridicules qu'autre chose, n'en demeuraient pas moins une énigme assez inquiétante. Aujourd'hui, l'opinion est devenue ombrageuse, incrédule ; une suspension d'armes de cinq jours est conclue : tout le monde se tient en défiance et refuse de voir là un acheminement à mieux ; un armistice d'un mois, enfin, est signé, emportant adoption par l'Autriche des préliminaires dictés par la Prusse : l'opinion ne se rend pas encore, elle doute toujours et conserve une bonne part des craintes qui l'obsédaient avant et pendant la courte campagne dont Sadowa a été le terme.

C'est un fait très-remarquable et qui vaut la peine qu'on s'y arrête. Il n'y a pas là seulement l'effet naturel de la confiance déçue qui se retourne en scepticisme prudent ou perspicace. Ce doute inquiet et ces perplexités nouvelles témoignent d'un sentiment très-juste et très-fin des dangers de la situation présente, des difficultés immenses que rencontrera la pacification sérieuse et durable de l'Europe.

Or, il est très-utile de dire en quoi l'instinct public a raison, en quoi la situation actuelle demeure menaçante, même après la conclusion d'un long armistice, même après la fixation préalable des bases de la paix, ou peut-être précisément à cause du temps d'arrêt que va subir la solution des questions engagées. Il faut montrer, par les visées ouvertes ou secrètes des agresseurs, où tendait, où pouvait tout de suite aboutir et où, si l'on n'y veille, aboutira cette guerre ; il faut définir clairement et nommer de son vrai nom ce qui est à cette heure, pour la grande majorité des hommes en Europe, un objet de vague épouvante ; il faut par là fortifier dans leur conviction ceux qui déjà comprennent, il faut dépouiller de toute excuse et livrer aux sévérités de l'opinion ceux qui ne veulent point comprendre.

Le moment est très-bon, tandis que la diplomatie va faire

son œuvre. Les peuples, menacés de maux divers et incalculables, ont bien le droit de formuler leurs désirs, de faire entendre leurs doléances ou leurs plaintes; et tout mouvement d'opinion que l'on pourra provoquer aura dès-lors une action salutaire sur les délibérations des politiques à qui l'Europe va remettre, avec le règlement des difficultés pendantes, ses destinées futures elles-mêmes. Eclairés ainsi par l'expression du sentiment public, les politiques trouveront peut-être également quelque profit à consulter l'opinion de tous les hommes de bonne volonté qui pourront entreprendre d'apporter dans le grand débat quelque lumière.

L'Europe veut la paix, d'abord, elle la réclame à grands cris; mais elle la veut sérieuse et capable de durer; et si elle demeure perplexe aujourd'hui encore, devant les résultats pacifiques déjà obtenus, c'est qu'elle craint qu'on ne lui bâcle une paix éphémère. Les peuples ont soif aussi de liberté, dans le sens le plus noble et le plus légitime du mot; or, ils ne sont point sans soupçonner que les événements actuels pourraient bien n'être qu'un acheminement vers le despotisme le plus dur et le plus irremédiable.

Etudions, à ces deux points de vue, qui les résument tous, les dangers que court en ce moment l'Europe. Achevons de rendre clair aux yeux des peuples ce qui n'est pour eux encore qu'à l'état de pressentiment vague. Avertissons les princes distraits ou aveugles; tâchons que les ambitieux réfléchissent ou reculent. Aux politiques qui vont être chargés de régler les affaires de l'Europe, faisons comprendre, s'il se peut, les grands devoirs que leur impose la situation présente, afin que de leurs délibérations il ne sorte point quelque solution misérable. Et si la guerre, par hasard, vient à recommencer au bout de l'armistice, faisons en sorte qu'à la prochaine trève les questions soient assez élucidées pour qu'on puisse définitivement s'entendre.

CAUSES DE LA GUERRE ACTUELLE

Mais d'abord, disons en quelques mots les causes et les motifs de la guerre qui vient d'ensanglanter l'Allemagne et l'Italie. Il y a les causes générales et permanentes, il y a les causes particulières et occasionnelles.

L'état idéal du monde serait la paix et la concorde. La paix pourrait régner sur la terre si tous les esprits se rencontraient dans la conception et dans l'amour d'une même vérité, si tous les désirs et tous les besoins s'harmonisaient de façon à ne laisser aucune place aux appétits égoïstes et injustes. La paix, en un mot, n'aurait jamais cessé ici bas, si l'homme était parfait, si l'homme n'avait point failli et n'était pas déchu. L'état de guerre commença, le jour où l'homme, par sa désobéissance première, acquit la notion terrible du bien et du mal, avec la liberté redoutable de choisir entre les deux, avec la faculté de préférer la satisfaction de ses appétits et de ses passions à la justice. *Dieu livra le monde aux discussions*, dit l'Ecriture, en son magnifique langage. C'est-à-dire que Dieu abandonna l'homme aux infirmités de son esprit, aux faiblesses de sa raison, d'où devaient naître les guerres d'idées ; puis surtout Dieu abandonna la raison et l'esprit de l'homme aux assauts de toutes les concupiscences, ce qui, en étouffant la conscience, en obscurcissant l'intelligence et la raison, devait enfanter les luttes sanglantes et atroces. Le meurtre d'Abel le doux et le juste, par Caïn le fort et le cruel, fut dans le monde, à quelques jours du Paradis, la première manifestation de la guerre, avec tous ses caractères de brutalité et d'injustice.

La guerre, évidemment, est quelquefois inévitable. Il faut bien sourire de ceux qui rêvent la venue d'une ère de paix définitive où, chez les peuples se donnant fraternellement la main, le crime de Caïn sera impossible, et où deviendra inutile tout emploi de la force. Ils mériteraient même autre chose qu'un sourire, ces utopistes ; car en méconnaissant la réalité des choses, en supposant la nature humaine parfaite, ils nuisent à l'homme beaucoup plus qu'on ne saurait le dire. Oui, la guerre peut être inévitable, parce qu'il n'y a pas entre les nations d'arbitrage possible ; mais toujours elle doit apparaître comme un mal et un châtiment. Dieu châtie par la guerre les peuples qui ne savent pas s'entendre sur le vrai, le bien, le juste et le droit, sans parler de ceux que la passion pousse à méconnaître ouvertement et radicalement ces choses saintes. C'est pour les peuples un châtiment terrible à la fois et superbe que cette nécessité où ils sont, par moments, de s'entretuer pour résoudre une question en litige, de remettre au hasard des batailles la solution de certaines difficultés internationales. Un esprit perçant non moins qu'altier, Joseph de Maistre, plus disposé que nul autre à voir là comme ailleurs le doigt de Dieu et une justice providentielle, donne de la guerre cette définition pleine de haute ironie : « C'est le droit de tuer son semblable sans crime. » L'individu, en effet, général ou soldat, n'est pas criminel ; mais le peuple, mais le gouvernement qui décide ?... Terrible responsabilité ! Que de peuples sont coupables pour la légèreté avec laquelle ils prennent les armes ! et que de princes plus coupables encore, pour les détestables mobiles qui les poussent quelquefois à mettre les armes aux mains de leurs peuples !

Un fait malheureusement certain, c'est qu'il ne se passe pas désormais de bien longues périodes sans que la guerre revienne affliger l'humanité. Et je ne parle ici que de l'Europe. Car si l'on considérait le monde tout entier, c'est-à-dire dans les cinq parties du monde, les peuples qui ont un nom et qui comptent, à l'exclusion même des peuplades plus ou moins sauvages, on verrait que la guerre n'a pas en réalité d'intermittences, et sévit sans relâche, ici ou là. En Europe, les périodes de paix, qui étaient jadis de douze ou quinze ans, sont aujourd'hui à peine de quatre ou cinq. Comptez, depuis 1848, par exemple, combien de fois le canon a grondé pour des luttes internationales, sans parler des guerres civiles !

Ah ! c'est que les lois morales, aussi bien que les vérités métaphysiques, sont aujourd'hui sapées partout, en Europe, comme jamais elles ne le furent ; et la conscience, perdant peu à peu ses assises, ne gouverne plus suffisamment les volontés. Partout les instincts égoïstes, les appétits sans frein tendent à déterminer seuls les résolutions des individus comme des peuples. Tout abus de la force, toute criante injustice, trouvent aisément des approbateurs, armés, pour les absoudre, de quelque monstrueux sophisme. Les notions d'honneur, de devoir et de droit sont faussées, et l'on a tous les jours le scandaleux spectacle de ces mots employés, selon les camps, pour désigner des choses absolument contraires. Dans les rapports entre les peuples, les vieilles règles de droit public et de droit des gens, établies pour protéger le faible contre le fort, et le fort lui-même contre les manœuvres ou les surprises déloyales, ces lois salutaires sont, au besoin, ontrageusement violées. On peut convoiter à son aise le bien d'autrui, on peut le prendre même, de ruse ou de force, on peut, disons le mot, voler des territoires, sans ameuter toujours contre soi les gardiens naturels des lois morales comme des traités internationaux. La conscience des peuples et des rois, on le voit, est troublée ; ils ne savent plus ce que doit s'interdire leur ambition, ni ce que leur commande leur devoir de légitime défense; et le monde, comme dans les temps barbares, est livré aux audacieux. Il est vrai que les audacieux et les rapaces, pour colorer leurs entreprises détestables, invoquent un principe nouveau, celui des nationalités; il est vrai qu'ils s'appuient, pour réussir, sur cette vieille tendance à l'unitarisme despotique qui revient travailler les peuples.

Oui, voilà bien les causes générales et permanentes de l'état de guerre dans lequel se trouve l'Europe. Et au premier rang se placent aujourd'hui ces aspirations unitaires suscitées chez les peuples aveugles par quelques princes ou quelques ministres ambitieux, puis ce principe vague et élastique d'après lequel il faudrait reconstituer en bloc les nationalités.

Quant aux causes particulières et occasionnelles de la guerre qui vient d'éclater, quant à la responsabilité formidable des événements auxquels nous venons d'assister et de ceux que nous sommes destinés sans doute à voir encore, il faut les chercher dans l'ambition énorme, déshonnête, coupable, de l'Italie piémontisée et de la Prusse. Le Piémont, étouffant dans ses limites, a pu rêver de s'assujettir l'Italie entière, et y réussir, grâce à certains appuis cachés, en appelant d'ailleurs à son aide, sous les yeux de l'Europe stupéfaite mais impassible, mensonges, conspirations, trahisons et guet-apens de toute sorte. Ainsi grandi, il lui faut plus encore, et son appétit ne se borne pas, on le voit, à Venise. Or, à Berlin on rêve depuis longtemps l'absorption de tous les pays germaniques, comme à Turin on a rêvé jadis, comme on rêve actuellement à Florence l'absorption de tous les pays plus ou moins italiens ; à Berlin se trouve un ministre que les lauriers du comte de Cavoür empêchent de dormir, et qui a fini par décider son maître à marcher lui-même sur les glorieuses traces du roi galant homme. De là l'alliance italo-prussienne, d'ailleurs fort naturelle entre ces appétits analogues ; de là l'attaque combinée, par le Nord et par le Sud, de l'Autriche et de la Confédération germanique, beaux draps, dans lesquels il y a largement à tailler ; et de là, certainement, bien d'autres luttes, que celle-ci s'arrête définitivement ou qu'elle reprenne et se continue.

Voici bien le lieu et le moment de dire ce qu'est, au point de vue de la paix, au point de vue du repos du monde, cet

Unitarisme, ce rêve d'unification qui tourmente les princes beaucoup plus, à coup sûr, que les peuples, et sert aujourd'hui de prétexte aux entreprises piémontistes et prussiennes, en attendant qu'il serve d'excuse et de raison à d'autres entreprises analogues.

L'UNITARISME ET LA PAIX

Unitarisme ! le mot est d'assez fraîche date, aussi bien que l'idée qu'il exprime. Cela veut dire, non pas le fait de la réunion de deux ou plusieurs États en un seul, mais la tendance, à la fois, et une certaine doctrine, qui poussent à la constitution de ces unités plus ou moins importantes.

Jadis on n'y employait pas d'autre moyen que la guerre et que la conquête, et l'on arrondissait les États selon le hasard des victoires ; c'était franc, si c'était brutal. Aujourd'hui, un principe en apparence rationnel, mais au fond très-peu acceptable, posé à *priori*, sert de base ou de prétexte aux unifications, et rend ces sortes d'opérations beaucoup plus promptes et beaucoup plus aisées. D'après ce principe, en effet, tous les groupes de populations parlant une langue commune et paraissant dès-lors avoir une commune origine, ont le droit de ne former qu'un seul État, certaines gens soutiennent même qu'ils en ont le devoir et qu'on peut les y contraindre. Les différences profondes de dialectes, de climats, de mœurs et d'habitudes importent peu aux unitaires.

Et ce principe autorise d'ailleurs les manières de procéder inouies dont on a usé dans l'œuvre misérable de l'unification italienne, il autorise la guerre déloyale des conspirations, des trahisons, des guet-apens ; et l'assassinat proprement dit n'est point exclu lui-même, il est recommandé, au besoin, comme préparation première des événements : pour atteindre un but sacré, tous les moyens sont bons et légitimes. La guerre ordinaire, en effet, qui n'a pas besoin d'être précédée de la déclaration officielle d'usage, par la raison que la grande unité de droit ne reconnait point les petites unités de fait, quoiqu'existant depuis des siècles, la guerre ordinaire ne vient qu'achever la besogne commencée par les conspirations ou les assassinats.

Le système exige que le vœu, que la volonté des populations ait ou paraisse avoir une part active dans l'œuvre, et que la conquête prenne couleur d'annexion libre : la guerre intervient juste à point, s'il est nécessaire, pour aider l'annexion à se faire selon les formes légales, pour protéger les populations et leur permettre d'exprimer librement leurs vœux.

Croyez-vous que je raille? Non vraiment, je ne raille pas! Je me rappelle seulement les faits et gestes fort récents de l'unification italienne, je transcris presque littéralement les raisons étranges données par des hommes audacieux pour expliquer et légitimer leurs actes énormes. L'Unitarisme est chose toute nouvelle; pour le définir il faut bien le prendre tel qu'il s'est montré la première fois qu'il est apparu, avec les caractères qui lui sont propres, avec les voies et moyens qui semblent également lui être commandés par son essence même. Si le sens moral en est blessé, si la conscience s'indigne, je ne m'en inquiète : avant tout, il faut être peintre et historien fidèle. Allons plus loin. On assure que la tendance est née toute seule chez les peuples des petits Etats. Nous dirons tout à l'heure dans quelle mesure en effet, peut-être, la tendance y existe ; mais à coup sûr on peut affirmer qu'elle n'y est pas née spontanément, et que les excitations de quelques princes ou de quelques ministres ambitieux sont parvenues à la faire naître. L'histoire de la formation de l'unité italienne est là qui le prouve.

Rappelons les faits et conservons énergiquement aux choses leur vrai caractère. La domination de l'Autriche, c'est-à-dire des Allemands ou des peuples tudesques, sur deux grandes provinces, sur deux anciens Etats de la péninsule, était incontestablement un sujet de douleur, non-seulement pour les populations soumises au joug étranger elles-mêmes, mais pour toutes les autres populations italiennes ; il y a toujours eu en Italie le sentiment de la patrie générale à côté, mais non au-dessus d'u patriotisme particulier ou *particulariste*, comme on dit aujourd'hui ; et les aspirations des petits peuples divers, des petites nationalités qui découpaient le grand territoire commun, d'accord avec l'esprit municipal très-vivace, n'ont jamais tendu à autre chose qu'à l'établissement d'un lien fédératif entre tous ces rameaux issus du même tronc.

Mais il se trouvait là un Piémont ambitieux, ou plutôt une maison de Savoie aux vastes appétits et aux médiocres scrupules, limitée du côté de la France, et n'ayant chance de développer sa puissance que de l'autre côté des Alpes. La maison de Savoie, néanmoins, borna longtemps son ambition à la conquête et à la délivrance des provinces où dominait l'Autriche, et elle fit tous ses efforts pour intéresser à cette conquête, à cette délivrance, le grand patriotisme italien. N'ayant point réussi par cette voie, elle fut disposée à prêter l'oreille à des propositions d'une nature spéciale, à accueillir certains auxiliaires sinistres et redoutables.

Il y a en Europe et dans le monde ce que l'on appelle et ce qui s'intitule la *Révolution*. Outre les renversements politiques qu'elle poursuit comme un moyen de conquérir à chaque individu la plus grande somme possible de jouissances matérielles, la Révolution poursuit le Christianisme et en particulier le Catholicisme, comme étant le grand obstacle à ses visées, le grand adversaire de ses doctrines d'émancipation morale, la pierre angulaire d'un certain édifice de lois et la source de certains scrupules de la conscience humaine, qui la gênent dans son œuvre. A Rome est la Papauté, tête, cœur et base du Catholicisme, dernier rempart du Christianisme universel, du christianisme dissident lui-même. C'est la Papauté que doit renverser la Révolution, si elle veut devenir vraiment maîtresse du monde. La Révolution a besoin d'auxiliaires ou d'instruments, elle les cherche et les prendra partout. Les passions des masses, au nom desquelles elle travaille, et les appétits des princes lui seront, suivant l'heure, également bons. La Révolution trouve qu'elle peut tirer parti de la puissance matérielle et morale de la maison de Savoie ; elle trouve là des appétits capables d'amener une alliance. La Révolution offre son alliance à la maison de Savoie, qui accepte ; et le principe unitaire est près de naître.

Pour renverser la Papauté, en effet, il faut lui arracher Rome. Au nom de quoi et sous quel prétexte détrôner le souverain de Rome? Faute de raison et faute de droit, ce sera au nom d'aspirations nouvelles, substituées frauduleusement aux aspirations anciennes, ce sera au nom de la grande nationalité, au nom de l'unification de l'Italie. Et il ne s'agit plus seulement de chasser l'Autriche du Lombard-Vénitien, il s'agit surtout de renverser le Pape. Il est vrai qu'ainsi la maison de Savoie est invitée à s'emparer, *per fas et nefas*, de tous les États de la Péninsule, et à monter sur le grand trône national; il est vrai que la Révolution ne travaille pas précisément à élever des trônes. Mais ayant commencé par les renverser, et s'étant aperçue qu'elle faisait ainsi une œuvre stérile ; voyant aujourd'hui que ses efforts seront perdus tant qu'elle n'aura pas jeté à terre la grande citadelle de Rome, base et clef de voûte de l'ordre divin, la Révolution se ravise, elle change de système; elle offre aux trônes de bonne volonté, c'est-à dire tourmentés d'ambition notoire, le secours de ses forces occultes, en échange des forces ouvertes, publiques et matériellement immenses qu'ils mettront à son service. Ce sera plus tard lutte à deux entre les trônes et la Révolution venus à bout de l'œuvre commune. Les princes, armés de la puissance matérielle et patente, espèrent demeurer les maîtres dans le duel final et terrible ; la Révolution, armée de ses forces occultes, armée de la logique des passions féroces qu'elle conduit à l'assaut de toutes les contraintes morales, la Révolution compte bien avoir un jour le dernier mot, et mettre ses adeptes à la curée, avec les dépouilles de ses anciens auxiliaires. Ou bien, car l'orgie révolutionnaire, étant aussi l'anarchie, ne peut durer, les artisans de la Révolution sauront se faire à la verge de quelque maître inévitable, pourvu que le despote enfanté par la force des choses les laisse jouir en paix et grassement des biens conquis, sur les ruines du Catholicisme et de tout christianisme, à l'abri de toute prédication importune leur imposant comme un devoir la justice rigide, leur recommandant comme un mérite supérieur la continence, l'abnégation, le sacrifice, leur promettant, selon leurs actes, châtiment ou récompense dans l'éternité future. Qui pourrait dire que le monde ne verra pas bientôt les questions posées dans ces termes et les événements tourner de la sorte?

Quoi qu'il en soit, il y avait nécessité urgente à montrer, à dénoncer le pacte conclu entre la Révolution et certains princes de ce temps, pacte dont le but visible est de livrer à la Révolution athée le Catholicisme et tout christianisme en général, tandis que la Révolution athée aidera les princes sans foi, ni probité, ni vergogne, à s'assujettir les États, petits ou grands, selon leur convenance. Il était indispensable de faire voir que l'Unitarisme était sorti naguère, à propos des affaires italiennes, de la conception des révolutionnaires, d'accord bientôt avec un homme d'État piémontais, non comme un principe supérieur ou comme un noble but dont on doit poursuivre en commun et noblement la réalisation, mais comme un moyen, un expédient, une machine de guerre dont on attend de part et d'autre le plus décisif effet. Les hypocrisies, si elles ont eu d'abord quelque succès, sont désormais impuissantes à tromper un seul homme loyal et de bon sens. Tout le monde, en ce qui touche les affaires d'Italie, est d'accord pour reconnaître à l'Unitarisme ce caractère et ce rôle de bélier lancé contre une citadelle très-forte, sans nul souci des intérêts ni des vœux des peuples, dérisoirement conviés à une union désastreuse pour presque tous. Le sang versé, les villes brûlées, les mille exactions commises, toutes les trahisons et tous les moyens honteux employés, sont là pour attester à jamais sur ce point la réalité des choses.

Machine de guerre en Italie, l'Unitarisme l'est ailleurs encore, tout le démontre. Il l'est d'abord incontestablement en

Allemagne, aux mains du Cavour prussien et de son maître; et
là même on voit bien, quoique moins clairement qu'en Italie,
que la Révolution athée tient l'autre bout de l'arme et marche
l'alliée du roi Guillaume, de son ministre et de leur monde
rapace On le reconnaît à deux signes. D'abord M. de Bismark,
à l'exemple de son modèle piémontais, ne dédaigne pas de
fomenter des révoltes dans les pays avec lesquels il est en
guerre, comme en font foi ses réclamations en faveur de je ne
sais quelle Constitution hongroise. De plus, et voici le princi-
pal indice : c'est parce qu'il tend à détruire l'Autriche, que la
Révolution accompagne et applaudit M. de Bismark. Comme
puissance catholique, l'Autriche est irrémissiblement condam-
née à mort par la Révolution. Les pays protestants, révoltés
contre le Catholicisme, peuvent être des alliés et des instruments de la Révolution athée, presque autant que ceux dont
le rationalisme pur dirige la politique. Et remarquez que détruire une puissance catholique, c'est sans trop de détour travailler à déraciner de Rome la Papauté; des batailles livrées,
des victoires remportées, à Vienne et ailleurs encore, doivent
contribuer largement à ébranler la grande citadelle, qui pourrait ainsi se trouver quelque jour n'être plus défendue que
par la force morale et par la majesté d'un Pontife. Donc, d'accord avec la Prusse dissidente, sus à l'Autriche catholique!
Hurrah! pour l'Unitarisme prussien, et que la monarchie des
Hapsbourg, s'il se peut, disparaisse! Bien aveugle qui ne verrait pas ici encore le pacte, et le double rôle de l'Unitarisme!
J'oubliais la Bavière, en majorité catholique, qui est vouée
certainement aussi à une mort plus ou moins prochaine. Il
était juste et habile de commencer par tuer le grand et redoutable empire.

Et voici qui prouve d'une façon plus concluante encore le
but essentiellement anticatholique, je veux dire aussi profon-
fondément irréligieux de l'Unitarisme. On prépare naturellement déjà l'unification de l'Ibérie, comprenant l'Espagne et
le Portugal. Or, au profft de qui songe-t-on à faire l'unité
ibérique? Ce n'est pas au profit de la dynastie espagnole et

de son peuple, entêtés dans leur catholicisme; c'est au profit
de la maison de Bragance, qui a eu l'esprit de s'ouvrir et de
donner des gages au rationalisme athée, comme la maison
de Savoie, dont elle devait naturellement rechercher l'alliance. Nous verrons un de ces jours le petit Portugal, avec
l'épée du général Prim, ce Garibaldi un peu moins ridicule
que le véritable, et avec le concours de la Révolution cosmopolite, essayer d'unifier l'Ibérie, d'absorber et de décatholiciser
l'Espagne. Les révoltes militaires de ces temps derniers ont
eu pour but de révêler aux chefs occultes si le moment d'agir
de ce côté est prochain ou lointain encore. L'Ibérie unifiée,
l'Autriche anéantie, un dernier assaut vigoureux livrerait
peut-être Rome, cette forteresse du Christianisme, ce dernier
boulevard même de toute religion dogmatique.

Oui, une machine de guerre contre le Catholicisme, dans la
main de la Révolution athée, plus encore qu'un instrument dans
la main des princes ou des ministres ambitieux : voilà ce qu'est
l'Unitarisme. Quels sont les chefs et où siége le gouvernement occulte de cette puissance qui s'appelle la Révolution?
Le siége de ce gouvernement, il est un peu partout; les
chefs on en peut nommer quelques-uns. La France et l'Europe connaissent Mazzini le sinistre, et certains autres, sans
parler de Garibaldi, ce héros grotesque, que l'on ne peut
prendre au sérieux, non-seulement depuis Aspromonte, mais
depuis les paroles d'hydrophobe qu'il lui prit un jour fantaisie de vomir contre la Papauté. La Révolution cosmopolite et
athée a des chefs aussi que l'on ne connalt pas, ou que l'on
soupçonne à peine; et ceux-là, grâce à l'ombre dont ils
s'enveloppent, sont les plus redoutables.

L'unité italique à compléter par la conquête de Rome;
l'unité germanique à parfaire également, l'unification ibérique à entreprendre d'une façon sérieuse: voyez-vous d'ici
que de besogne, et quel avenir l'Unitarisme prépare à l'Europe! Car enfin, l'unification en elle-même, c'est déjà la
guerre, et le principe de non-intervention, inventé à propos
des affaires italiennes, ne tiendra pas toujours dans une im-

mobibilité niaise les nations spectatrices de ces audacieux remaniements de territoires. Que fera la France, par exemple, quand l'Italie piémontisée voudra tenter le dernier effort, et, en s'annexant Rome, assurer son unité jusque là fort problématique? Que fera-t elle, lorsque la Prusse, après s'être arrêtée sur le Mein, voudra recommencer à marcher en avant, ce qui paraît à tout le monde infaiilible, et absorber, outre la petite confédération du Sud, à laquelle elle aurait permis pour un jour de se former et de vivre, même les provinces allemandes de l'Autriche? Que feront l'Angleterre et la Russie, intéressées comme nous à ne point laisser renaître, plus puissant que jamais, l'empire germanique? Que de terribles conflits sont là en germe! Et ce n'est pas tout. Ne pourrait-on pas essayer encore, ne fut-ce que pour l'amour de l'art, l'unité slave? l'unité scandinave, ne serait-il pas bon de la reconstruire? l'unité française, enfin, laisse bien quelque peu à désirer: n'y aurait-il pas justice à l'achever par l'annexion de la Belgique et de quelques cantons suisses où le français est la langue courante? Il est vrai que l'unité allemande pourrait revendiquer à son tour et vouloir nous arracher les armés à la main des parties de la Lorraine et l'Alsace tout entière, où le peuple parle de préférence la langue de Gœthe. Poussé jusqu'à ses dernières conséquences, le principe tombe dans l'absurbe et paraît un jeu d'esprit dérisoire. Il n'en est pas moins vrai qu'il y a là en germe pour l'Europe un demi-siècle ou un siècle entier de guerres. Or, supposons constituées par impossible, après un temps quelconque de luttes atroces, ces individualités nationales gigantesques, leur première affaire serait de se ruer les unes sur les autres pour se disputer la prééminence. Jadis on pensait que l'existence des petits États, capables, à l'occasion, de faire échec aux forts, soit en se liguant entre eux, soit en portant ici ou là leur appoint non méprisable, était une garantie de paix pour le monde. On ne pensait pas mal au bon vieux temps, il me semble, et quiconque aujourd'hui n'est pas aveugle doit recommencer à estimer cet avis, ou bien s'y tenir de plus belle.

IV

L'UNITARISME ET LA LIBERTÉ

Il ne faut pas tout condamner absolument dans l'Unitarisme. On comprend qu'il puisse avoir un but avouable et noble, on comprend qu'il puisse être au moins une erreur généreuse dans l'esprit de quelques hommes sincères. Supposez de petits peuples, frères d'origine, n'ayant point su établir entre eux un lien fédératif, et toujours, grâce à leur faiblesse respective, menacés de quelque domination étrangère, il sera naturel que des patriotes se prennent à rêver la réunion en un seul faisceau de ces forces que leur isolement rend impuissantes. De nos jours, où le droit public n'existe guère plus, où les lois internationales, outrageusement violées sur tous les points, ne protégent plus les États faibles contre la rapacité des forts, on comprend que d'honnêtes esprits aient aperçu ou cherché dans l'unité un refuge, et l'on accorde volontiers que parmi les unitaires italiens, comme parmi leurs auxiliaires du dehors, quelques-uns ont pu croire vraiment sauvegarder par là l'indépendance de l'Italie. Il faut leur tenir compte de ce qu'ils n'ont point prétendu appliquer brutalement à tous les pays le principe Unitariste, ni surtout, comme résultat final, chasser la Papauté de Rome; on regrette seulement qu'ils n'aient point demandé de préférence à la fédération ce qu'ils attendaient de l'unité.

Allons plus loin, et disons par quoi l'Unitarisme peut encore fasciner noblement des âmes honnêtes. Un État unitaire, une nationalité unifiée, parait beaucoup plus propre à jouer un grand rôle dans le monde qu'un groupe de petits

États unis par un lien purement fédératif. La règle n'est pas absolue, tant s'en faut, et les É ats-Unis d'Amérique lui font déjà une exception imposante; mais enfin, on la tient généralement pour vraie. La France, unifiée par Louis XI, Richelieu et Louis XIV, la France, devenue prépondérante en Europe et dans le monde grâce à son unité, c'est un exemple qui a dû faire naître plus d'un unitaire, c'est une situation qui a dû éveiller l'envie ou l'ambition de plus d'un peuple. Être *un*, pour être fort, et pouvoir, non plus même seulement se défendre, mais attaquer au besoin, mais conquérir, peut-être, la prépondérance, et promener dans le monde la gloire de son drapeau sans rival!... Je doute que ce mirage ait jamais sérieusement tourmenté la masse du peuple italien; mais je sais bien qu'il fascine depuis longtemps le peuple de Prusse, et avec lui ce que l'on appelle les patriotes allemands; et l'on voit bien que depuis Sadowa le rêve, qui prend corps de plus en plus, commence à jeter dans le délire le peuple de Prusse et beaucoup d'autres têtes germaniques.

Or, il ne suffit pas de rêver un grand rôle dans le monde, il ne suffit pas d'aspirer à la prépondérance, il faut en être à la fois capable et digne. L'Italie unifiée ne serait peut-être pas digne, mais à coup sûr elle n'est pas capable du premier rôle, ni même d'un grand rôle. La Prusse devenue l'Allemagne, devenue l'Empire germanique ressuscité, serait capable incontestablement d'un grand rôle et même du premier; mais en serait-elle digne? Franchement on en peut douter, comme on peut douter aussi que la Russie et l'Angleterre le fussent. L'Angleterre est trop égoïste et trop positive, elle voudrait tirer de sa position trop de bénéfices industriels et commerciaux, pour mériter la prépondérance; la Russie a trop de soif de conquêtes et rêve trop la domination universelle; la Prusse agrandie, l'Empire germanique ressuscité, pour tomber dans les torts de la Russie, pour devenir aux autres peuples une menace permanente, n'aurait qu'à se laisser aller à sa pente, qu'à renouer des traditions brisées, qu'à reprendre des plans combattus à Pavie, définitivement renversés à Rocroy.

Avec l'Angleterre prépondérante, le monde serait dépouillé, affamé, peut-être; avec la Russie ou l'Allemagne, les peuples n'auraient plus de repos et seraient toujours menacés dans leur existence ou à la veille d'être conquis.

La France, il faut le dire sans aucun orgueil, mais comme un fait auquel la Providence a quelque part, la France seule est en même temps assez forte et assez désintéressée pour pouvoir remplir et pour mériter le premier rôle dans le monde. Deux ou trois fois dans le cours de son histoire, conduite par des hommes dont l'ambition personnelle exploitait sa passion de la gloire, elle s'est jetée en des conquêtes qui excédaient ses désirs réels, aussi bien qu'elles violaient le caractère de sa mission; et certes, elle a été chaque fois cruellement punie de cet oubli de son rôle et de ces accès de fièvre conquérante. A part ces deux ou trois moments, la France n'a cessé de soutenir dans le monde, sans aucune ambition personnelle ni aucune arrière pensée, les faibles, les opprimés, toutes les causes qui lui paraissaient justes. Elle a pu se tromper sur la justice des causes qu'elle embrassait, selon les hommes qui la conduisaient; mais son intention était louable et loyale, le monde ne s'y trompait pas. Aujourd'hui encore on sent qu'elle répugnerait à retirer indirectement un accroissement de territoire d'une guerre entreprise pour secourir quelque Etat faible et dans le seul intérêt de l'équilibre européen. Le monde sait toutes ces choses. Aussi, tout en jalousant quelquefois la France, il accepte en elle ce qu'il ne supporterait chez aucun autre peuple, il accepte sa prépondérance comme légitime, et il la bénit souvent comme secourable. *Gesta Dei per Francos!* cela peut se dire non-seulement des grands faits visiblement providentiels dans lesquels la France a mis la main; cela peut se dire encore de tous les actes de redressement et de justice qu'elle accomplit, comme si elle se sentait le bras de Dieu. Le monde ne l'ignore pas, et il semble s'accommoder tout spécialement de ce rôle spécial de notre pays. Et pourvu qu'il y ait chez nous des institutions capables de brider au besoin les velléités conquérantes des princes ou des ministres ambitieux qui pourraient se rencontrer, des institutions capables de nous garantir nous-mêmes contre les fascinations de la gloire ou contre quelque nouvel accès de fièvre belliqueuse, le monde dormira tranquille, sous la garde, pour ainsi dire, de la France.

Nous avons dit que l'Italie était incapable de remplir un grand rôle; même définitivement unifiée, même mise en possession de ce qu'on appelle ses frontières naturelles, l'Italie resterait, c'est notre conviction, au-dessous de cette vocation nouvelle qu'elle se donne ou qu'on lui donne. Dieu ayant départi à chaque groupe d'hommes formant un peuple des falcultés et des aptitudes spéciales, chacun de ces peuples a un rôle qui lui est propre à jouer dans la marche harmonieuse de l'humanité tout entière.

La gloire le vrai mérite d'un peuple est avant tout de savoir jouer, dans l'ensemble des affaires humaines, le rôle exact qui lui convient; on peut dire aussi, sans fatalisme, que son bonheur en dépend, et qu'il souffrira toujours d'avoir voulu sortir en quelque sorte de sa nature et aller contre les lois de sa constitution intime. *Soyez plutôt maçon, si c'est votre métier,* a dit un des maîtres de la sagesse populaire : soyez petit peuple, si vos facultés, vos aptitudes, vos goûts, vos prédilections, votre tempérament, vos défauts et vos qualités vous rendent impropres à être ce qu'on appelle un grand peuple. Les petits peuples sont-ils, d'ailleurs, si malheureux, et n'ont-ils donc aucune gloire? L'antiquité grecque tout entière s'inscrit en faux contre ces deux assertions, et de même la Renaissance italienne. Pour ce qui est en particulier du bonheur des petits peuples, nous avons sous nos yeux la Suisse, la Belgique, les petits États italiens avant les annexions désastreuses, et les petits États allemands avant la guerre actuelle. Ne méprisons pas les adages devenus populaires! Heureux, dit un de ces adages, *heureux les peuples qui n'ont pas d'histoire!* Sans qu'on veuille le prendre à la lettre, on peut l'opposer comme un argument à ces unitaires qui rêvent aujourd'hui pour les nations, comme le comble de la félicité, la faculté de ne point faire un mouvement ou un geste qui ne donne matière à une page historique. Quant à l'Italie, l'unité blesse et violente à la fois toutes les traditions, tous les souvenirs, tous les instincts, tous les goûts, toutes les aptitudes spéciales, en un mot, le génie tout entier de ses populations privilégiées. On met à la main d'un peuple artiste, nonchalant par nature et avec délices, fiévreusement actif par exception et sans suite, des armes dont il ne saura pas se servir; on lui trace, en dehors de la voie que Dieu lui avait tracée, d'après sa constitution physique, intellectuelle et morale, une voie nouvelle qu'il sera inhabile et impuissant à suivre. L'Italie unifiée aura toutes les lourdes charges, elle subira tous les inconvénients propres à un grand État, sans recueillir aucun des bénéfices ou sans trouver aucune des compensations avec quoi un grand pays se console d'ordinaire. L'Italie unifiée ne tardera pas a être réduite à la condition de puissance de second ordre, la pire de toutes les conditions : demandez à l'Espagne! Son alliance avec la Prusse, d'ailleurs fort naturelle, et qui lui fait jouer provisoirement un rôle équivoque de grande puissance, ne la sauvera pas. Car supposez la Prusse parvenue à absorber l'Allemagne entière, elle serait la première a écraser son ancienne alliée sous sa toute-puissance.

Oh! voici bien le moment, tandis que la fièvre unitariste, allumée par la Révolution athée, commence à s'emparer peut-être des peuples, après avoir travaillé seulement quelques ambitieux, voici bien le moment de dire très-haut que si la condition de grand État, de grande puissance, apparaît tout d'abord comme une chose enviable, la médaille a un triste revers. Les grands États ne marchent point sans de gros budgets, sans des armées nombreuses, sans une centralisation administrative vigoureuse. Tout ce que disent ces trois mots, tout ce qu'ils contiennent de conséquences fâcheuses, au point de vue du bonheur véritable, de la dignité et même de la liberté des peuples, les hommes qui ne sont point, dans la lutte actuelle, aveuglés par la passion, aveuglés par une absurde haine contre le Catholicisme et le Christianisme, commencent à le comprendre. Plus de vie douce et calme : les besoins énormes d'un État puissamment armé et savamment administré dévorent sans peine les économies du petit monde. Plus de calme ni de repos : la paix doit être employée à la préparation de la guerre. Plus de franchises locales : cela serait propre à faire quelque chose comme un État dans l'État, et pourrait gravement entraver l'unité d'action si nécessaire. Plus d'esprit civique, dans cette prédominance de la consigne administrave ou militaire. Ne faut-il pas d'ailleurs se tenir prêts toujours à défendre la grande position que l'on occupe dans le monde, ce bien sans prix pour lequel on a fait ou l'on subit l'unité ? et le patriote ne doit-il pas dominer le citoyen ?

Ce sont là des conséquences extrêmes, peut-être, mais logiques et réellement inévitables, pour le jour où toutes les grandes unités de peuples que l'on rêve seraient faites. En France, sans avoir atteint sous ce rapport, Dieu merci ! le possible, nous ne sommes point sans payer en quelque manière notre unité prépondérante, nous ne sommes point sans nous apercevoir de la difficulté qu'il y a à être tout ensemble une puissance militaire de premier ordre et un peuple vraiment libre. Et encore avons-nous pour nous consoler l'honneur incontestable et la gloire certaine que nous vaut notre rôle désintéressé, notre prépondérance généreuse dans le monde. Ne parlons plus de l'Italie, qui peut évidemment moins viser encore à la prépondérance décidée, que simplement à un grand rôle. Mais les Allemands, par quoi pourraient-ils se consoler d'avoir perdu la vie douce, le repos, et le plus essentiel de leur liberté comme de leur dignité d'hommes ? Leur prépondérance, beaucoup plus dangereuse ou écrasante que la nôtre pour les autres peuples, serait évidemment et sans relâche menacée par la coalition des faibles, ce qui les tiendrait dans un état permanent de guerre. Supposons-les vainqueurs, ils ne trouveraient dans leurs victoires que la satisfaction égoïste de maintenir leur unité nationale oppresssive pour tous, ou le remords d'avoir abusé de leur force contre des adversaires incapables de soutenir la lutte. Le mirage peut-être les séduit et les tente; mais leurs vrais amis ne peuvent leur souhaiter, à aucun point de vue, cette destinée hyperbolique.

Si le mouvement unitariste se généralise et gagne de proche en proche tous les peuples ou tous les groupes de peuples qui peuvent prétendre à l'unité; si l'unification ibérique succède à l'unification germanique et à l'unification italienne; si le panslavisme, ou unification slave, se met en marche à son tour, et si l'unité scandinave sent le besoin de se refaire à la suite, par la réunion du Danemarck, de la Norwége, de la Suède et d'une partie au moins de la Finlande arrachée à l'empire des Czars; si l'unité française, enfin, a la fantaisie de se compléter par l'adjonction à notre empire de la Belgique, de quelques cantons suisses et généralement de tous les territoires dont les habitants parlent le français; j'oublie encore l'unité Roumaine et l'unité Grecque qui sont à faire, l'unité Magyare et l'unité Batave qui seront à respecter; si le principe unitaire est poussé jusqu'à ces conséquences dernières : c'en est fait, pendant un demi-siècle au moins, du repos et de la prospérité de l'Europe. De plus, on sait assez quelles lois d'exception l'Unitarisme traîne inévitablement à sa suite, pour deviner ce que deviendra la liberté humaine, pendant toutes ces gestations sanglantes. Et si l'Unitarisme ne peut être enrayé, s'il finit par se constituer en Europe, sur la base de la communauté du langage, cinq ou six nationalités, cinq ou six États gigantesques; outre que nous en resterons pour notre part, et relativement, fort amoindris; on ose à peine imaginer quel sera le sort de l'individu, à quel état de chiffre inconscient et inerte se trouvera réduit l'homme, dans ces agglomérations monstrueuses, ayant besoin pour ne point se dissoudre de la centralisation la plus énergique, et dont la grande affaire, d'ailleurs, sera constamment de se défendre par les armes et de s'attaquer les unes les autres.

Et voici, au point vue de la liberté humaine, le dernier danger de l'Unitarisme. Outre que dans la pensée de beaucoup de ses adhérents, il a pour but de détruire le Catholicisme et le Christianisme, en fait, il commence par chasser la Papauté de l'Italie, par lui enlever Rome, son siége séculaire, et lui dénie évidemment, en principe, le droit de s'asseoir en quelque autre lieu que ce soit. Que la Papauté trouve ou non un autre territoire qui consente pour elle à n'être point rattaché à la grande nationalité dont le droit nouveau le fait membre, le Catholicisme est perdu, si le Christianisme n'est pas encore anéanti. Les grands États unitaires voudront évidemment avoir leur religion propre, les grands peuples unifiés tendront infailliblement à se personnifier dans leur culte comme dans toutes leurs institutions. Et partout des religions nationales s'établiront, chrétiennes, philosophiques ou païennes, qu'importe?... dont les princes seront les protecteurs tout puissants, sinon les souverains pontifes, afin que chaque grand pays n'ait bien qu'une âme, qu'un cœur et qu'une tête, et puisse se mouvoir comme un seul homme au premier appel de ses intérêts, aux premières sollicitations de ses appétits. Ce sera le dernier triomphe de la Révolution athée, l'avénement définitif du despotisme, l'écrasement complet de la personnalité et de la liberté humaines, le commencement de la fin, pour les nations jadis chrétiennes de l'Europe, dont une Barbarie nouvelle pourra venir secouer et balayer les hontes.

'Il n'est pas étonnant, mais il est heureux que les esprits les plus sérieusement libéraux, parmi ceux qui ont d'abord caressé les idées unitaires, et qui même ont favorisé l'Unitarisme en Italie, commencent à ouvrir les yeux, et se mettent en devoir de conjurer les conséquences de ce monstrueux principe, déchaîné aujourd'hui sur le monde. Dieu soit loué! et de quelque côté qu'ils arrivent, que les auxiliaires soient les bienvenus! Et ici, il ne s'agit point de ces organes de la démocratie autoritaire, hier tout pleins d'enthousiasme pour les projets unitaires de M. de Bismark, et que commence, semble-t-il, à effrayer la perspective de l'Allemagne entière unifiée sous le sceptre des Hohenzollern. Craintes impuissantes, si elles sont sincères! De quel droit et sous quel prétexte chercher à enrayer aujourd'hui une entreprise que l'on a jusqu'ici, et sur tous les tons, proclamée admirable? On a beau inventer, pour s'opposer à l'unité allemande consommée par la Prusse, une *Souabie*, une *unité Souabe*, qui serait formée de la Bavière, du Wurtemberg, et d'autres territoires, y compris peut-être le duché d'Autriche, enlevé toujours à la maison de Hapsbourg : l'expédient est misérable, et tout le monde en rit. Comme si à Munich, à Stuttgard, à Vienne même, et ailleurs, on ne parlait pas l'allemand, on n'était pas de race germanique, autant et mieux peut-être qu'au-delà du Mein! On peut prévoir, du reste, ce que M. de Bismark, au nom de l'unité germanique, se réserve de faire de la Souabie. Donc, loin de nous toujours ces libéraux d'étrange sorte, convertis de fraîche date! Mais accueillons les bras ouverts ceux qui sont venus à nous dès le commencement de la lutte actuelle. Car il ne faut point désespérer encore. Pour faire digue au torrent de l'unitarisme despotique, l'Europe compte encore assez d'esprits fermes et clairvoyants, assez d'âmes fières et vaillantes, assez d'hommes, enfin, décidés à défendre jusqu'à la mort la paix du monde, la liberté humaine et la civilisation chrétienne tout entière, également menacées. Au besoin, tous ces volontaires de la grande cause pourront se serrer autour du saint et illustre vieillard dont le flot veut faire sa première ou sa grande victime, qui le premier a signalé l'ennemi, et qui, assis sur le roc de Pierre, combat de la plume et de la parole, combat sans relâche, dût-il n'être pas entendu, et dût-il rester le dernier, rester seul à soutenir la lutte.

V

GARE A LA PRUSSE!

Ainsi, au nom de la paix du monde, au nom de la liberté et de la dignité humaines, au nom de la civilisation chrétienne tout entière, il faut crier : Guerre à l'Unitarisme!

C'est l'Italie qui paraît avoir poursuivi la première l'application sur elle-même de ce principe fatal, la réalisation de ce rêve coupable. Mais il ne faut pas trop lui en vouloir, car elle n'a été que le premier instrument, que le premier champ de bataille et que le premier patient de la Révolution cosmopolite. Il faut la plaindre surtout, l'Italie, mais il ne faut pas la craindre. Instrument d'abord de la seule Révolution, elle est de plus aujourd'hui le satellite et l'instrument de l'ambitieuse Prusse. Son unité, encore incomplète, n'est qu'un château de cartes, qui s'écroulerait de lui-même, sans que l'on eût besoin de souffler dessus, le jour où ceux qui l'ont aidée à se faire lui retireraient seulement leur appui. Laissons donc l'Italie à l'impuissance que viennent de démontrer avec éclat ses défaites. Il n'en est point de même de la Prusse. La Prusse est bien elle-même ici, dans une certaine mesure, l'instrument de la Révolution, et les athées tireront incontestablement quelque bon profit de sa campagne. Mais aussi réciproquement la Prusse croit pouvoir se servir de la Révolution comme d'une esclave, et le but atteint, se débarrasser sans façon de cet auxiliaire méprisable. Son calcul est-il sûr? qu'importe! Quoi qu'il en soit, la Prusse, pays jeune, ardent et plein de vitalité, paraît vraiment avoir la force, l'habileté et la volonté nécessaires pour mener à terme l'unification de l'Allemagne entière, qui est évidemment dans ses visées. Son succès créerait d'abord un immense danger pour l'Europe, et donnerait ensuite aux tendances unitaires une impulsion nouvelle, à l'Unitarisme une chance en même temps qu'une raison de plus de s'imposer partout. C'est pourquoi voici l'heure également de crier, sur tous les tons et aussi haut que possible : Gare à la Prusse !

Gare à la Prusse ! il faut le répéter avec d'autant plus d'insistance et d'énergie, qu'un armistice a été conclu, que la paix, une paix bâclée, il est vrai, sera peut-être signée, et qu'après avoir formulé des prétentions exorbitantes, M. de Bismark a fini par poser des conditions relativement modérées. *Timeo Danaos, et dona ferentes !* La modération d'un vainqueur comme M. de Bismark est vraiment effrayante, car elle cache quelque projet ultérieur, et montre d'ailleurs, dans l'homme qui la possède, un empire sur soi même et une volonté capables de mener à bout les entreprises les plus ardues. On s'est demandé et on se demande encore pourquoi la guerre s'est brusquement arrêtée, et non pas seulement pourquoi l'Autriche a subi les conditions du vainqueur après une seule défaite, lorsque tant d'éléments de résistance énergique, victorieuse peut-être, lui restaient encore, mais surtout pourquoi le vainqueur s'est montré au moins aussi pressé que le vaincu de terminer là une lutte acharnée, quand aucune des questions engagées ne semblait pouvoir être définitivement résolue. Les uns assurent que M. de Bismark a eu peur du désespoir de l'Autriche, en mesure d'opposer encore aux envahisseurs une magnifique armée, aguerrie maintenant contre les effets du fusil à aiguille, et brûlant de venger des défaites subies avec courage et non sans gloire. D'autres pensent que le fin politique a voulu ménager le médiateur redoutable qui s'est chargé d'arrêter l'effusion du sang ou la fortune des armes prussiennes, ils affirment que M. de Bismark a voulu enlever à la France tout prétexte de s'immiscer davantage dans les affaires d'Allemagne. Il est aussi naturel de supposer que la Prusse s'est arrêtée tout simplement parce qu'elle ne se sentait pas prête pour aller plus avant, et parce qu'il entrait dans ses plans de ne pousser que jusqu'aux résultats qu'elle impose aujourd'hui sa première étape.

L'unification italienne a précédé l'unification allemande. La poétique indiquée par la force des choses, dans ces sortes d'entreprises hasardeuses, commence à être connue, et ce qui s'est fait au-delà des Alpes peut mettre sur la voie de ce qui se prépare au-delà du Rhin. Ce n'est pas en une fois que le Piémont a absorbé l'Italie entière, sauf Rome et Venise. D'abord les Duchés et la Romagne, puis une halte, pour organiser, pour préparer la double campagne militaire et révolutionnaire contre le reste. L'ambition de M. de Bismark, qui est née sans doute du succès et de l'impunité de M. de Cavour, ne saurait mieux faire que de suivre la même voie, avec les variantes que lui suggéreront les différences de lieux, de moment et de peuples. Mais tout le monde tient ou doit tenir pour certain qu'il va employer cette paix, si elle est définitement signée au bout de l'armistice, à préparer une nouvelle campagne. Maître dès aujourd'hui de tous les Etats allemands jusqu'au Mein, y compris cette malheureuse Saxe, qui conserve en vain une existence nominale, il va commencer par augmenter d'un bon tiers l'armée déjà redoutable de la Prusse ainsi agrandie. Il songera ensuite à faire naître, à développer les aspirations unitaires dans les pays non encore absorbés ; il aura de l'or pour provoquer des manifestations sur tous les points, pour solder, en Allemagne et à l'étranger, une presse chargée d'habituer peu à peu les esprits à ses coups les plus audacieux et les plus coupables ; il sèmera au besoin les traîtres dans les armées et jusque dans les conseils des princes dont il convoite la depouille. Puis les troupes prussiennes s'ébranleront de nouveau, pour appuyer peut-être quelque Garibaldi allemand depêché en tirailleur, ou plutôt, non, pour arracher des mains de ce nouveau mannequin déguisé en terrible revolutionnaire les *Sociétés* de Bavière, de Wurtemberg de Bade ou d'Autriche appelant à leur secours l'aigle royal de Prusse. Et moitié par les armes, moitié par les plébiscites dérisoires, les annexions des États, restés provisoirement indépendants seront réalisées. Il faut s'attendre, en effet, à voir absorbés aussi, avec le temps, les États allemands de l'Autriche, et la Prusse descendre jusqu'à l'Adriatique, elle que baignent déjà les mers du Nord. Peut-être alors n'hésitera-t-elle pas non.plus à s'annexer les populations scandinaves du Danemark, au nom toujours du principe des nationalités?

Il appartenait, semble-t-il, à l'Autriche, de conjurer les périls qui menacent l'Europe. Jamais il n'apparut mieuxqu'aujourd'hui combien l'existence de cet empire est utile ou nécessaire à la sécurité des autres États, à l'équilibre et à la paix dans notre vieux monde. Or l'Autriche, on le sait désormais, n'est encore ni écrasée, ni même abattue ; seule il lui serait encore possible d'anéantir le vainqueur présomptueux qui foule son territoire et s'est avancé jusqu'aux portes de sa capitale. Elle n'aurait, peut-on croire, qu'à bien diriger l'héroïsme tenace et le patriotisme exaspéré de ses populations fidèles, que l'on s'accorde à représenter comme frémissant de colère à la vue de la paix désastreuse et honteuse qu'elle accepte. On se perd en conjectures sur les raisons qui ont pu déterminer François Joseph à fléchir, on ne peut croire que tant de résignation soit sincère ou durable. Les uns imaginent que le gouvernement autrichien ne consent aujourd'hui à la paix que pour se préparer à une nouvelle guerre et à une revanche ; ceux qui lui croient les moyens de continuer immédiatement la lutte sont persuadés que les hostilités recommenceront sur le moindre prétexte, avant la fin de l'armistice.

Attendons. Mais si le gouvernement autrichien s'abandonne et laisse à la Prusse libre carrière, la France devra-t-elle aussi s'abandonner, abandonner sa mission de justice et d'équilibre, permettre la création à ses portes d'un empire de quarante-cinq ou cinquante millions d'âmes, qui pèsera, s'il réussit à se fonder, d'un poids écrasant sur les destinées de l'Europe? Sommes-nous donc faits pour contribuer puissamment à l'unification italienne, et pour regarder immobiles l'achèvement

de l'unité allemande ? N'avons-nous aucun intérêt à sauvegarder, n'avons nous pas à prendre en main, selon notre rôle,
l'intérêt de la civilisation européenne? Une intervention armée
ne serait même pas nécessaire ; quelques fermes paroles, pro-
noncées à temps, suffiraient, selon toute apparence.

Le gouvernement français a une occasion superbe de frap-
per au cœur l'Unitarisme, en même temps que de régler,
selon l'équité et selon l'intérêt de la France, cette question de
Rome, si capitale, qui domine toute la question italienne.
Possesseur de Venise par droit, peut-on dire, de conquête
morale, au lieu de donner cette vieille république au royaume
d'Italie, qui s'est fait au mépris de ses protestations, comme
en violation de toutes les lois divines et humaines, le gouvernement français serait bien inspiré s'il commençait par rendre
les Vénitiens à eux-mêmes, s'il réclamait ensuite l'exécution
des conventions de Villafranca et de Zurich, audacieusement
violées par le Piémont, mais toujours existantes et toujours
obligatoires. En défaisant ainsi cette unité artificielle, œuvre
de violence et de ruses infâmes, contre laquelle il n'a cessé
de protester, il supprimerait du même coup la Question Romaine, qui va sans tarder se dresser de nouveau toute grande.
La logique d'ailleurs est une chose fort bonne toujours à
mettre de son côté. Quand l'intérêt le plus manifeste et le
plus pressant de la France va commander qu'on s'oppose
d'une façon ou d'une autre aux projets unitaires de la Prusse
en Allemagne, ne faudrait-il pas éviter d'amoindrir la force
de ce *velo* indispensable, par quelque acte témoignant sur
un autre point d'une politique toute contraire? Cette con-
damnation de l'Unitarisme italien ferait à l'Unitarisme prussien plus de mal qu'une bataille gagnée, et la cause de la fédération allemande, comme du fédéralisme en général, qui doit
être la nôtre, en retirerait elle-même plus de bénéfice.

Nous ne savons ce que pense ni ce que médite en tout ceci
le gouvernement français; nous n'avons pas la prétention
d'inspirer sa politique ni d'influer aucunement sur ses actes.
Nous aurions préféré lui voir prendre vis-à-vis des belligé-

rants une autre altitude. Au lieu de se montrer si facile aux exigences prussiennes et de conseiller à l'Autriche de se résigner à sortir de la Confédération, c'est-à-dire de l'Allemagne, comme jadis on conseilla au roi de Naples de quitter sa capitale devant l'invasion garibaldienne, peut-être eût-il mieux valu encourager l'empereur François-Joseph dans ses velléités premières de résistance énergique. Une paix prématurée et humiliante pour l'une des parties n'est qu'une trève, et couve inévitablement une nouvelle guerre. Encourager l'Autriche à rejeter une pareille paix, c'était d'ailleurs servir ses intérêts véritables; c'était servir aussi les intérêts de l'Europe, et particulièrement enfin les intérêts de la France, puisque la France peut se voir bientôt contrainte de prendre en main la tâche tout européenne que l'Autriche pouvait dès aujourd'hui, sans doute, accomplir toute seule.

Quoi qu'il en soit, nous ne demandons, pour l'avenir, et nous n'attendons rien. Mais nous comptons, pour faire rebrousser l'Unitarisme despotique et sauvage, pour maintenir le principe des petits États, gardiens de la paix du monde, pour sauver la Papauté, le Catholicisme et la civilisation chrétienne, sur un de ces coups imprévus qui révèlent, quand il en est temps, la Providence. La Providence évite de se montrer trop souvent; mais ici les conjonctures ne seraient peut être pas indignes de son action toute-puissante. Qui sait si l'Autriche, secouant sa torpeur et sa honte, ne sera pas l'instrument de la sagesse providentielle?...

Paris. — Typ. BEAULÉ, rue Jacques de Brosse, 10.